Anna Caprespa

Der Dom von Orvieto

Verteilung:
Solini Marcello
Via Loggia dei Mercanti, 23
tel. 0763 341287
Orvieto

Centro Stampa Editoriale
plurigraf
Perseus

DER DOM VON ORVIETO

In den Jahren 1263-1264 begab sich ein böhmischer Priester, ein gewisser Peter aus Prag, der von Zweifeln am Geheimnis der heiligen Wandlung, also der Verwandlung der Hostie in den Leib und des Weines in das Blut Christi geplagt war, auf Pilgerfahrt nach Rom, um am Grab des hl. Petrus die Festigung seines Glaubens zu erflehen. Auf der Rückkehr von der Ewigen Stadt machte er in Bolsena Zwischenaufenthalt und las in der Krypta der hl. Cristina die heilige Messe. Da tropfte plötzlich Blut aus der Hostie, so dass das Korporale reichlich davon benetzt wurde. Papst Urban IV. der sich damals in Orvieto aufhielt, war von dem großartigen Ereignis so betroffen, dass er die sofortige Überführung der geheiligten Leinwand anordnete; später führte er für die ganze christliche Welt das Fronleichnamsfest ein.

Nicht nur der Klerus, sondern auch das Volk waren sich darüber einig, dass man für diese Reliquie eine würdige Stätte erbauen musste. Am. 13 November 1290 legte Papst Nikolaus IV. in feierlicher Weise den ersten Stein für das neue Gotteshaus. Als Standort wählte man die Fläche, auf der bereits die Kirche des hl. Konstanz und die der hl. Maria Priska oder des hl. Britius standen.

Die Grundsteinlegung erfolgte genau an der Stelle, wo sich der vierte Pfeiler der Fassade mit der im Relief dargestellten Hölle befindet. Am Dom wurde ungefähr drei Jahrhunderte lang gebaut. Der erste Architekt dürfte wohl Arnolfo di Cambio gewesen sein, denn ihm hat man das Projekt der einspitzigen Fassade zugeschrieben, das heute noch im Museum der Domstiftung aufbewahrt wird. Es scheint aber, dass der erste Baumeister Fra' Bevignate aus Perugia war, der die drei Kirchenschiffe erbaute.

Die Arbeiten wurden dann von einem einheimischen Baumeister, einem gewissen Giovanni Uguccione, fortgesetzt, der im Kreuzschiff und der Apsis wieder auf die gotische Stilrichtung zurückgriff. Das

lauptgefüge des Domes erwies sich aber schon bald als baufällig, und so muß- e das Gutachten eines Fachmanns eingeholt werden. Man zog den Sieneser rkitekten und Bildhauer Lorenzo Maitani zu Rate, der das Gebäude mit Strebe- ögen verstärkte. Maitani starb im Juni 1330 in Orvieto. Die Fassade ist mit vier ürmen mit polygonalem Grundriss geschmückt, von denen die beiden äußer- ten niedriger und breiter und die beiden anderen, die das Mittelfeld begren- en, höher sind. Die vier Türme teilen die Fassade genau den drei Kirchenschif- en im Inneren entsprechend in drei Abschnitte. Die vier Pfeilersockel sind mit ein gearbeiteten Marmorreliefs geschmückt, über deren Schöpfer man sich eute noch nicht ganz im Klaren ist. Manche glauben, die Basreliefs der inne- en Pfeiler seien älter. Die vollendetsten schreibt man gewöhnlich Maitani selbst u. Sie schildern die Entstehungsgeschichte des Menschen, das Geheimnis der rlösung und seine Endbestimmung. Diese Basreliefs nehmen 112 m^2 Fläche in. In dem schlichten, eher streng anmutenden Inneren des Domes finden wir n einem durch gekonnte Linienführung bewirkten Licht- und Schattenspiel die ostbarsten Stilelemente der lombardischen Baukunst vor. Was den Besucher zuallererst überrascht, ist die scheinbar durchgehende Teilung des großen nnenraums, weil die wuchtigen Säulen so angereiht sind, dass sie wie eine Mauer anmuten. Dringt man aber weiter in das Mittelschiff vor, so verschwindet dieser Eindruck, und die Säulen erscheinen dem Betrachter in ihrem prächtigen Schmuck, mit reich verzierten und immer unterschiedlich gestalteten bildneri- schen Details, die in der dreihundertjährigen Tätigkeit an dieser Baustelle in Orvieto zum Ausdruck kamen. Das Dach des Gotteshauses, von Maitani errich- tet und von Pietro di Lello und Vanuzzo di Mastro Pierino feinstens dekoriert, wurde von 1881-1890 von den Einheimischen Paolo Zampi und Paolo Cocchieri zur Gänze neu gestaltet. In den Seiten- mauern sind zehn Kapellen ausgespart, mit schmalen, aber massiven und mit Alabastertafeln verschlossenen Fenstern in der Mitte. Hinter dem linken Seitenportal befindet sich der Taufbrunnen, bei dessen Gestaltung auch Luca di Giovanni mitwirkte. Er zeichnete und schuf das große achteckige, von acht Löwen getragene Taufbecken aus rotem Marmor. Um 1406 vollendete der Sieneser Sano di Matteo das Werk durch den Zubau des kleinen Tempels. Neben dem Taufbrunnen ist linker hand heute noch eine Muttergottes mit dem Kind, ein Fresko von Gentile da Fabriano deutlich sichtbar. Die Gestalt der hl. Katharina rechts im Gemälde ist ein Werk, das Giovanbattista Ragazzini aus Ravenna 1586 hinzufügte.

Eine eindrucksvolle Ansicht von Orvieto und des Doms bei Nacht.

Dringt man weiter im linken Seitenschiff vor, so gelangt man zur Kapelle des Ko porale. Gegen die Mitte des Jahres 1350 erkannte man die Notwendigkeit, die hei ge Reliquie des Wunders von Bolsena an einer würdigen Stätte unterzubringen und beschloss daher den Bau der neuen Kapelle. Unter der Leitung von Nino Andrea Pisano, der anscheinend zu jener Zeit der Baumeister der Domstiftung wa begannen die Arbeiten an der Nordseite der Kathedrale bei den Strebebögen, di Maitani aufgeführt hatte, um das tragende Mauerwerk des Gotteshauses zu fest gen. Von 1355-1356 wurde die Kapelle mit Kreuzgewölben bedeckt, die aber späte umgestaltet wurden. In den Gewölben sind einige Ereignisse des Alten und de Neuen Testaments mit eindeutigen Bezügen, Prophezeiungen und eucharistische Symbolen dargestellt. Auf den beiden anderen Wänden (der linken und der hinte dem Tabernakel) sind in Freskomalerei mehrere Wunder im Zusammenhang mi dem Sakrament der Eucharistie, sowie eine "Kreuzigung", eine "Kreuzabnahme und die "Auferstehung des Herrn" dargestellt. Der marmorne Tabernakel, mit des sen Errichtung 1358 begonnen wurde, trägt eindeutig den Stempel des Stils vor Andrea di Cione genannt Orcagna. In der Kapelle wird außerdem die "Muttergotte der Schutzbefohlenen" verwahrt. Dieses Werk des Sienesers Lippo Memmi erfuh besonders im 19. Jahrhundert verschiedene Umgestaltungen. Manche vertreten di Ansicht, dass der einzige, heute noch erhaltene Abschnitt des ursprünglicher Gemäldes der unterste sei, in dem die frommen Frauen und die Brüder dargestell

Ausschnitt aus dem Fassadenmosaik.

sind, wie sie sich betend die Fürbitte Mariens erflehen. In der Apsis befindet sich das wahre Meisterwerk der Kunst Orvietos aus dem 14. Jahrhundert, hervorragend in Bezug auf Originalität, lebhafte Schilderung und Ausdruckskraft. Ugolino di Prete Ilario, Pinturicchio und später auch Antonio da Viterbo haben an den drei Wänden und im Gewölbe Episoden aus dem Leben Mariens in Freskomalerei dargestellt. Der Chor mit seinen Schnitzereien wurde von Giovanni Ammannati aus Siena, beginnend mit dem Jahr 1329, geschaffen, doch vertreten einige den Standpunkt, der geistige Urheber des Werkes sei Maitani gewesen. Im Kreuzschiff links sehen wir den Altar der "Heimsuchung" geschaffen von Simone Mosca, Raffaello und Francesco da Montelupo. Dann ist da der von Michele Sammicheli und Simone Mosca erbaute Altar der "Drei Weisen aus dem Morgenland". Im rechten Seitenschiff befindet sich die neue oder nach dem hl. Britius benannte Kapelle aus dem Jahr 1408. Die 1447 von Beato Angelico zusammen mit Benozzo Gozzoli begonnene Ausschmückung vollendete Nicola Signorelli, der in seinen Fresken die Geschichten des Antichristen, den Weltuntergang und die Auferstehung des Fleisches darstellte.

Der Dom von Torre del Moro aus betrachtet.

DIE BASRELIEFS

Erster Pfeiler: Ausschnitt aus dem 3. Bild, der Baum der Wissenschaft, des Guten und des Bösen.

ERSTER PFEILER: Hier sind Episoden betreffend die Erschaffung der Welt und des Mer schengeschlechts dargestellt, so wie sie das Buch der Genesis beschreibt. Die Erschaffun der Tiere. Die Tötung Abels und die ersten Tätigkeiten des Menschen. Ein Efeustamm strel in der Mitte empor, er umschliet und umrahmt die in sechs übereinanderliegenden Bildfe dern enthaltenen Darstellungen.

1. BILDFELD: (von unten und von links nach rechts): In der ersten Szene wollte der Künstle wahrscheinlich zusammenfassen, was Gott in den ersten fünf Tagen der Schöpfung wirkte Eine Taube - der Geist Gottes - schwebt über dem Wasser: darüber ist die Hand des Ewige zu sehen, von der drei Strahlen ausgehen: das Symbol der Trennung von Licht und Scha ten. Gott erschafft die Pflanzen, die Vögel, die Fische, die Vierbeiner und schließlich de Menschen.

2. BILDFELD: Auf zehn Tafeln, alle von unterschiedlicher Form, aber symmetrisch zusam mengestellt und mit größter Sorgfalt miteinander verbunden, sind drei Szenen dargestellt Gott haucht Leben in den Menschen, Gott entnimmt Adam eine Rippe, und die Erschaffung Evas.

3. BILDFELD: Der Baum des Wissens um Gut und Böse. Von Engeln umringt, verbietet Gott Adam und Eva, die verbotene Frucht zu pflücken. Der Baum, um den sich die Schlange als Sinnbild der Versuchung schlingt, steht neben einer Quelle, der nach Ansicht einiger Gelehrter die vier Flüsse der Genesis entspringen (Physon, Ghenon, Tigris und Euphrat). Eva hat die verbotene Frucht gepflückt: die eine behält sie für sich, eine weitere reicht sie ihrem Gefährten. Von der Höhe des Gewölks aus wendet sich Gott drohend gegen das ungehorsame Paar: die beiden verstecken sich hinter einem Strauch und halten die Hände schützend vor die Augen.

4. BILDFELD: Hier sind zwei Szenen abgebildet: die Vertreibung aus dem Paradies und die ersten Arbeiten der Ureltern der Menschheit. Das irdische Paradies ist von Flammen umgeben, damit es niemand betreten kann. Ein Engel verjagt Adam und Eva mit dem Schwert. Die beiden ersten Menschen widmen sich häuslichen Arbeiten.

5. BILDFELD: Das Opfer Kains und Abels und die Tötung des jüngeren Bruders. Abel opfert Gott ein Lamm, Kain hingegen eine Garbe. Dann erschlägt Kain den Bruder.

6. BILDFELD: Die ersten Tätigkeiten des Menschen. Es wird ausschließlich Ackerbau und Viehzucht betrieben. Auf dieser Ebene sind nach einer bestimmten Auslegung die Beschäftigungen einiger Nachfahren Kains dargestellt.

Erster Pfeiler: Geschichten der Genesis.

Zweiter Pfeiler: Die Prophezeiungen des Messias.

ZWEITER PFEILER: Die Prophezeiungen des Messias. In der Mitte unten Abraham im Schlaf. Eine Akanthuspflanze rankt empor, ihre Zweige bilden eine Reihe von Kreisen, in denen die Basreliefs Davids, Salomons, Roboans, Abias', Asas, Josaphats, der göttlichen Jungfrau und des Erlösers prangen.

1. BILDFELD: Abraham schläft: zu seiner Seite sind die Richter Israels abgebildet, Schriftrollen mit den Prophezeiungen in den Händen haltend.

2. BILDFELD: Das Skelett Abrahams in einem Sarkophag und einige Richter Israels.

3. BILDFELD: Die Ölung Davids. Samuel, verlassen von Saul, der die Gebote des Herrn missachtet hatte, wird nach Bethlehem entsandt. damit er einen der Söhne Jesses zum König Israels erköre. Die Wahl fällt auf David, den kleinsten der acht Söhne. Samuel gießt auf das Haupt des Knaben Öl aus einem Horn. Hinter ihm ist Jesse mit den anderen sieben Söhnen zu sehen, von denen zwei Leinen für den Ritus herbeibringen: ein deutliches Vorbild der Taufe Christi. Gedeon reibt über einer Schale ein mit Tau getränktes Fell aus. Es ist dies das Symbol der Jungfrau, die sich in den Willen Gottes fügte, den eben der Tau symbolisiert. Die Prophezeiung Balahams. Balaham schlägt einen Esel, aber ein Engel mit dem Schwert tritt ihm in den Weg.

4. BILDFELD: Aufrecht steht der Herr und spricht zu Moses, der vor ihm kniet. Es folgt die Szene der Ankunft des Messias: diese Darstellung wurde einst irrtümlich als die Errettung Moses' aus dem Strom ausgelegt.

5. BILDFELD: Das Wasser der Erlösung. Die hier dargestellte Szene wurde wahrscheinlich einer der Visionen Ezechiels entnommen, der in der symbolischen Stadt das Wasser unter der Schwelle des Tempels fließen sah, und dieses Wasser versinnbildlicht die Reinwaschung der Menschheit durch die Taufe. Auf diese Szene folgt der Traum Nabukadnezars; er soll von einem Riesen mit goldenem Haupt und silberner Brust, Beinen und Füßen aus Eisen und Ton, geträumt haben. Der Koloss wird von einem Felsblock erschlagen, der von einem Berg herabstürzt. Nach Ansicht einiger ist der Felsblock das Sinnbild des Erlösers.

6. BILDFELD: Eine der Visionen Ezechiels. Ihm erschien am Firmament eine Gruppe von Gestalten, bestehend aus einem Engel, einem Löwen, einem geflügelten Ochsen und einem Adler. Diese Gruppe (die Symbole der vier Evangelisten) ergänzen zwei Cherubime, die dem Bildnis Jesu zur Seite stehen, während der Prophet, auf dem Erdboden liegend, in tiefe Meditation versunken ist. Der Zyklus der Prophezeiungen findet seine Fortsetzung in der des Isaias. Dieser Prophet soll die Veränderungen im Leben der Menschen nach der Ankunft des Messias vorausgesagt haben: es sollte Frieden herrschen und alle, einschließlich der Tiere (die hier aus demselben Brunnen trinkend dargestellt sind), sollten in voller, erhebender Harmonie leben. Die Bildtafel findet ihre Vollendung in der Weissagung der hl. Jungfrau und Emmanuls (Ecce Vierge concepit et parlet filium).

7. BILDFELD: Der Grundstein. Aus einem Quaderstein (Symbol Christi) entsteht die neue Kirche. In dieser Abbildung steht die Gestalt des Erlösers auf dem von vier Menschen emporgehobenen Quaderstein (einige glauben, dass es sich um die Gläubigen handelt, die aus den vier Erdteilen herbeigeeilt sind). Es folgt die Vision des Zacharias, dem im Traum ein Mann zu Pferd, gefolgt von anderen Pferden, erschien. Manche sind der Ansicht, dass der Mann hoch zu Ross der Herr der Heerscharen sei, den der Vater entsandt hat, die Völker zu bekehren; in den übrigen Pferden erblicken Fachleute die Symbole der Apostel.

8. BILDFELD: Die Prophezeiung des Michäas. Die Verdammung Jerusalems und die Verherrlichung Bethlehems. Gott schleudert seinen Bannstrahl auf eine Frau, die das Symbol Jerusalems ist. Die Waage in der Hand des Herrn versinnbildlicht die Gerechtigkeit; die Flamme hingegen, die ein Mann in sitzender Stellung hält, ist das Sinnbild der Wahrheit.

9. BILDFELD: Moses auf dem Berg Sinai. Diese Szene wird recht unterschiedlich ausgelegt. Einige sind überzeugt, dass Moses nicht mit Gott Vater, sondern mit dem Gottessohn sprach, der die Gestalt eines Engels angenommen hatte. Andere wieder meinen, es handle sich um die Ankündigung an Zacharias. Prophezeiungen des Todes auf dem Kreuz. Zu den beiden Seiten des Kreuzes verfinstern sich, der alten Vorhersage entsprechend, Sonne und Mond.

10. BILDFELD: Der Engel sucht im Flug die Gottesmutter auf. Die Jungfrau ist auf dem Baum Jesses thronend dargestellt.

DRITTER PFEILER: Geschichten des Neuen Testaments. Die in zehn Bildfeldern geschilderten Szenen sind auch hier durch Akanthusranken voneinander getrennt.

1. BILDFELD: (Immer von unten nach oben und von links nach rechts): Der schlafende Abraham ist von elf Gestalten umgeben, in denen manche Propheten erblicken.

2. BILDFELD: Weitere Gestalten, vielleicht Propheten mit Schriftrollen.

3. BILDFELD: Mariä Verkündigung und die Heimsuchung der hl. Elisabeth.

4. BILDFELD: Die Geburt Jesu und die Anbetung der Drei Könige.

Vierter Pfeiler: Das Jüngste Gericht.

Dritter Pfeiler: Geschichten aus dem Neuen Testament.

5. BILDFELD: Die Vorstellung im Tempel und die Flucht nach Ägypten.

6. BILDFELD: Die Ermordung der Unschuldigen Kinder und Jesus unter den Schriftgelehrten.

7. BILDFELD: Die Taufe Jesu und die Versuchung in der Wüste.

8. BILDFELD: Der Einzug Jesu in Jerusalem. Seine Festnahme im Ölbaumgarten Gethsemane.

9. BILDFELD: Geißelung; die Kreuzigung.

10. BILDFELD: Die frommen Frauen am Grab Christi. Der auf dem Sarkophag sitzende Engel verkündet die Auferstehung des Herrn.

VIERTER PFEILER: Auf fünf überlagerten Flächen sind die Auferstehung des Fleisches, das Letzte Gericht, der Himmel und die Hölle dargestellt.

1. u. 2. BILDFELD: Die Auferstehung des Fleisches. Die Hölle. Ein Engel vertreibt mit dem Schwert die Verdammten; In der Mitte tritt Satanas, mit Schlangen gekrönt, die Hände mit zwei Drachenschwänzen gebunden. die Verdammten mit Füßen. Oben ist die Höllenfahrt zweier verdammter Seelen im Relief dargestellt.

3. BILDFELD: Engel geleiten die Auserwählten in das Paradies.

4. BILDFELD: Die Heiligen.

5. BILDFELD: Christus sitzt zu Gericht.

DIE BRONZEFIGUREN DER FASSADE

Über einem fein gemeißelten Fries, der sich längs der ganzen Fassade hinzieht, springen zwei Konsolen vor, auf denen die Symbole der vier Evangelisten zu sehen sind: der Engel (hl. Matthäus), der Löwe (hl. Markus), der Adler (hl. Johannes) und der geflügelte Stier (hl. Lukas). Diese Werke, vermutlich um 1329 entstanden, wurden nach Ansicht einiger Forscher von Maitani selbst geschaffen. Weitere ansehnliche Bronzestatuen befinden sich zuoberst auf den drei Giebelspitzen: das "Agnus Dei" (Giebelspitze über dem Hauptportal); der "hl. Michael" (über dem linksseitigen Giebelfeld) und eine weitere Engelsstatue (auf dem rechtsseitigen Giebel). Diese Werke soll Matteo da Bologna in der Zeit zwischen 1353 und 1356 gegossen haben.
In dem halbkreisförmigen Sturz des Hauptportals, vor der mit Alabastertafeln abgeschlossenen Lünette, prangt ein Baldachin mit sechs Engelsfiguren, welche die Säume halten: dieses Werk aus Bronze hat Maitani geschaffen. Unter dem Baldachin das marmorne Gruppenstandbild der "Majestät" von Andrea Pisano mit der Jungfrau und dem Kinde.

Der geflügelte Stier, Symbol des hl. Lukas.

Der Adler, Symbol des hl. Johannes.

Der Engel, Symbol des hl. Matthäus.

Der geflügelte Löwe, Symbol des hl. Markus.

SEITENANSICHT DES DOMS

Aus den Seitenwänden ragen die zehn halbkreisförmigen Kapellen hervor, geschmückt mit dreigeteilten Bögen und Rundsäulen, welche die ganze Höhe einnehmen. Auf der Südseite befindet sich zwischen der zweiten und der dritten Kapelle das sogenannte bischöfliche Kirchentor. Es ist sicherlich das älteste und wurde wahrscheinlich vor dem Dom selbst von Arnolfo di Cambio geschaffen. Der Rahmen des Bogens und des Tores selbst mussten wegen der Enge der zur Verfügung stehenden Mauerlichte abgeschnitten werden. Auf dem Sturz ist der Erlöser auf dem Thron zwischen den zwölf Aposteln dargestellt. Auf der Nordseite sind weitere zwei Tore zu sehen, das sogenannte Portal der Canonica und das des Korporale (nach der Überlieferung wurde eben durch dieses Tor das Korporale in den Dom gebracht). Auf dem bronzenen Sturz, einem Werk von Rosso Perugino sind einige Sznen des Wunders von Bolsena dargestellt. In der Lünette steht eine kleine Figur Christi mit dem Kelch, ein Werk, das man gewöhnlich Nino Pisano zuschreibt. Die Standbilder der "Sibilla Libica" und der "Sibilla Eritrea" zu den beiden Seiten der äußeren Türme schuf Antonio Federighi.

Oben: Teilansicht der Seitenfassade des Doms.
Unten: Statue der Libyschen Sibylle.

DIE FASSADE UND DIE FENSTERROSE

Um 1300 begannen unter der Leitung von Lorenzo Maitani, der zum Werkmeister der Domstiftung ernannt worden war, die Arbeiten zum Aufbau der Fassade der Kathedrale von Orvieto. Maitani verdanken wir den Entwurf der dreispitzigen Fassade anstelle der einspitzigen, deren Plan man gewöhnlich Arnolfo di Cambio aus Orvieto zuschreibt. Die waagrecht durch einen Säulengang in der Höhe zweigeteilte Fassade gilt als das typischeste Beispiel der gotischen Baukunst. Die Mosaiken wurden im Lauf der Jahrhunderte restauriert, umgestaltet und zum Teil erneuert. Zu den ältesten zählen jedenfalls die "Taufe Christi" von Rossetti und Francesco Scalza, ausgeführt nach einer Zeichnung von Cesare Nebbia aus Orvieto. Das Bild im oberen mittleren Giebelfeld, das die "Auferstehung" darstellt,

In der oberen Mitte der Fassade die schöne Rosette von Andrea di Cione, genannt Orcagna.

ebenfalls von C. Nebbia gezeichnet, wurde 1713 durch eine Krönungsszene nach einem Gemälde von Laffranco ersetzt. Um 1842 führten einige römische Mosaikverleger (darunter Cocchi und Castellini) nach einer Zeichnung des Sienesers Giovanni Bruno ein anderes Bild, nämlich das jetzige, aus. Im Mittelpunkt der Fassade, unterhalb des Mosaiks, welches die Krönung Mariens darstellt, verleiht die Fenster-rose des Florentiner Meisters Andrea di Cione, genannt Orcagna, der gesamten Fassade, was vieleicht für ihre vollendete Schönheit noch fehlte.

Diese mit Recht als ein kostbares Juwel bezeichnete Fensterrose besteht aus zierlichen Säulen und dekorativen Elementen von reinster Form. Im Mittelpunkt ist das Haupt des Erlösers eingehauen. Das im Jahre 1354 begonnene Werk wurde 1380 fertiggestellt. Die Standbilder rund um die Fensterrose sind ausnahmslos von geringem künstlerischem Wert, und man schreibt sie wenigstens zum Teil dem Bildhauer Nicola di Nuto zu.

SCHEMA DER MOSAIKEN DER FASSADE

A) Die Trauung Mariens. 1612 nach Zeichnungen von Antonio Pomarancio erneuert.

B) Die Krönung Mariens. 1842-47 neu gestaltet anhand eines Freskos von Sano di Pietro, das im "Palazzo Pubblico" von Siena verwahrt wird.

C) Die Vorstellung Mariens. Dieses Werk wurde 1760-63 nach Zeichnungen ausgeführt, die man Giovanni Pomarancio zuschreibt.

D–E) Der Erzengel Gabriel und die Verkündigung von Jacopo Pieruzzi, 1649.

F) Die Taufe Jesu nach einer Zeichnung von Cesare Nebbia, 1584.

G–H–I) Mariä Himmelfahrt und die Apostel von Fra' Giovanni di Buccio Leonardelli, 1366.

L–M) Der hl. Joachim und die hl. Anna von Jacopo da Bologna und Gabriele Mercanti, 1713 und 1786 restauriert.

N) Mariä Geburt, ein Werk von Fra' Giovanni Leonardelli, 1364-65.

O) Die Muttergottes mit dem Kind. Ein Marmorstandbild, das man Andrea Pisano zuschreibt, etwa 1347.

Über den Pilastern die Symbole der vier Evangelisten

P) Der Engel, Sinnbild des hl. Matthäus;

Q) Der Loewe, Symbol des hl. Markus;

R) Der Adler, Symbol des hl. Johannes;

S) Der Stier, der den hl. Lukas versinnbildlicht. Diese Statuen aus Bronze wurden von Lorenzo Maitani (1329-30) geschaffen.

Auf den Spitzen der drei unteren Giebel:

T) St. Michael, eine Bronzestatue von Matteo Ugolino da Bologna (1356).

U) Agnus Dei, wiederum ein Werk in Bronze von demselben Meister.

V) Die Engel, ein Marmorstandbild von einem unbekannten Meister.

Auf den oberen Giebeln, Marmorstandbilder von Heiligen, von verschiedenen unbekannten Meistern des 16. und des 17. Jahrhunderts geschaffen.

Z) In der Mitte des oberen Abschnitts der Fassade die prächtige Fensterrose von Andrea di Cione, genannt Orcagna.

Auf den vier unteren Pfeilern der Fassade:

1.) Die Erschaffung der Welt und die Abschnitte der Genesis.

2.) Prophezeihungen der Erlösung: Folge der biblischen Szenen.

3.) Episoden aus dem Evangelium.

4.) Das Jüngste Gericht: Das Gericht, das Paradies und die Hölle.

DIE BRONZEPORTALE

Die neuen Portale, ein Werk des sizilianischen Bildhauers Emilio Greco wurden am 11. August 1970 angebracht. In dem in sechs Tafeln unterteilten Mittelportal sind die sieben Werke der Barmherzigkeit dargestellt: Links beginnend von oben nach unten: "Den Dürstenden wird zu trinken und den Hungernden zu essen gegeben", "Die Bekleidung der Nackten", "Die Beherbergung der Pilger".
Auf der rechten Seite von oben nach unten: Die die drei anderen Werke darstellenden Szenen: "Beisetzung der Toten", "Besuch bei den Gefangenen" und "Besuch bei den Kranken". Die Seitenportale werden von zwei großen, wertvollen Engelsfiguren geschmückt, die die Türflügel ersetzen.

Auf dieser Seite: das Mittelportal und eine Nahaufnahme des Bronzeportals, ein Werk Emilio Grecos.

DAS INNERE DES DOMS

Der Innenraum ist in drei Schiffe unterteilt, deren mittleres doppelt so breit ist wie die Seitenschiffe, und erscheint in seinen Proprtionen sehr ausgewogen. Auf dem Bildausschnitt sind im Hintergrund die Apsis mit aus der Orvietanischen Schule stammenden Fresken aus dem 14. Jahrhundert, die Episoden aus dem Leben der hl. Jungfrau darstellen, und der hölzerne Chor zu sehen.

DAS TAUBECKEN

Es handelt sich um ein Werk der Bildhauer Luca di Giovanni (der das große achteckige Becken zeichnete und meißelte) und von Sano di Matteo (der das Werk mit dem Tempelchen aus weißem Marmor vollendete).

MUTTERGOTTES MIT KIND

Werk von Gentile da Fabriano. Zu diesem Fresko malte Giovanbattista Ragazzini aus Ravenna 1586 das Bildnis der hl. Katharina.

SCHEMA DES GRUNDRISSES DES DOMES INNEN

1.) Taufbrunnen.
2.) Weihwasserbecken von Antonio Federighi.
3.) Weihwasserbecken des Cardinali.
4.) Standbild der Eva von Fabiano Toti.
5.) Die Kapelle des hl. Britius.
6.) Standbild Adams von Fabiano Toti.
7.) Die Kapelle der Weisen aus dem Morgenlande.
8.) Ecce Homo von Ippolito Scalza.
9.) Hölzerne Kanzel.
10.) Das Presbyterium und die Apsis.
11.) Der Kapitelsaal.
12.) Die Sakristei.
13.) Die Geisselung Christi von Gabriele Mercanti.
14.) Die Kapelle von Mariä Heimsuchung.
15.) Standbild Mariens von Raffaello da Montelupo.
16.) Die Kapelle des Korporale.
17.) Die Muttergottes der Schutzbefohlenen von L. Memmi.
18.) Grab des Bischofs Vanzi von Ippolito Scalza.
19.) Standbild des Auferstandenen von Raffaello da Montelupo.
20.) Pietà, das Meisterwerk von Ippolito Scalza.
21.) Weihwasserbecken; die Zeichnung wird Ippolito Scalza zugeschrieben.
22.) Ebensolches Weihwasserbecken.
23.) Die Madonna mit dem Kind von Gentile da Fabriano.
24.) Wieder ein Weihwasserbecken, wahrscheinlich von Ippolito Scalza entworfen.

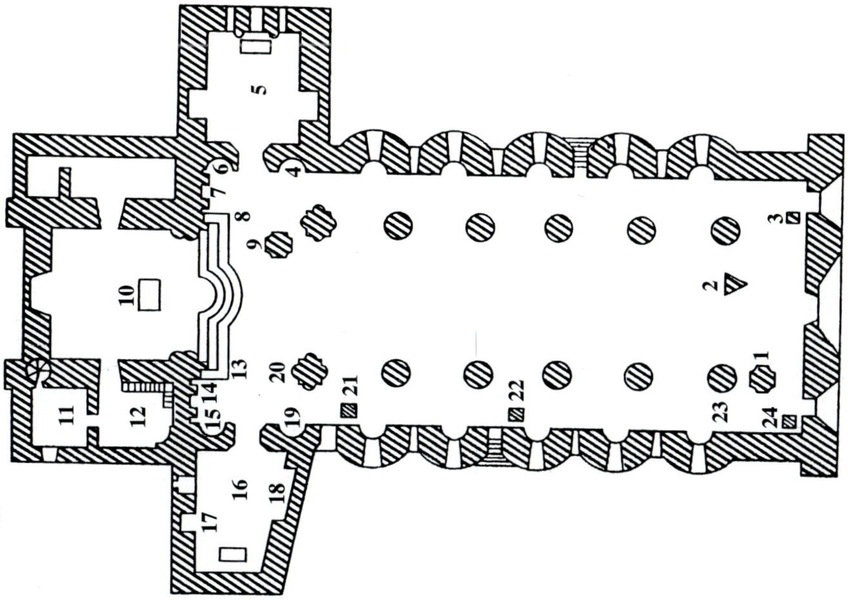

DIE PIETÀ

Es ist ein Werk des Malers, Bildhauers und Architekten Ippolito Scalza und gilt mit den vier fein gemeißelten Gestalten in natürlicher Größe allgemein als das Meisterstück dieses Künstlers aus Orvieto. Es wurde von 1570 bis 1579 aus einem einzigen Marmorblock gehauen.

QUERSCHIFF UND APSIS

In dem Querschiff, und zwar an der Wand, durch die man die Kapelle des Korporale betritt, wurde nach einem Entwurf von lppolito Scalza die monumentale Orgel aufgestellt, die man für eine der größten Italiens hält. Die Holzverzierungen führten Ercole Urbani und Gianni Carpentieri aus, das Instrument selbst baute Bernardino Benvenuti. Nach den Umgestaltungen im Jahr 1913 wurde diese Orgel 1975 weiteren Instandsetzungs und Festigungsarbeiten unterzogen.
Aus den ursprünglichen 4000 Pfeifen wurden im Lauf der Zeit 5585, um das beträchtliche musikalische Leistungsvermögen dieser Orgel und ihres Gebläses voll zur Geltung zu bringen. Dabei handelte es sich nicht um störende Veränderungen oder Zusätze, sondern um die Erfüllung natürlicher künstlerischer Erfordernisse, die man unter voller Achtung der geschichtlichen und künstlerischen Merkmale des großartigen Werkes vollzog.

Die Fresken der Apsis.

Die Fresken in der Apsis stammen ausnahmslos aus der Schule von Orvieto.
Von Ugolino di Prete Ilario und Pietro di Puccio geschaffen, wurden sie 1491 von Giacomo da Bologna und später von Pinturicchio und Antonio da Viterbo, genannt Pastura, um 1497 restauriert. Diese Fresken, von denen leider einige teilweise zerstört sind, stellen Episoden aus dem Leben der hl. Jungfrau dar.
Das 16,30 m hohe und 4,55 m breite Fenster setzt sich aus 48 Scheiben mit prächtigen Glasmalereien zusammen, die Szenen aus dem Leben Jesu und Mariens darstellen. Dieses Werk wurde unter der Leitung von Maitani 1325 begonnen, 1334 wurde es fertiggestellt.

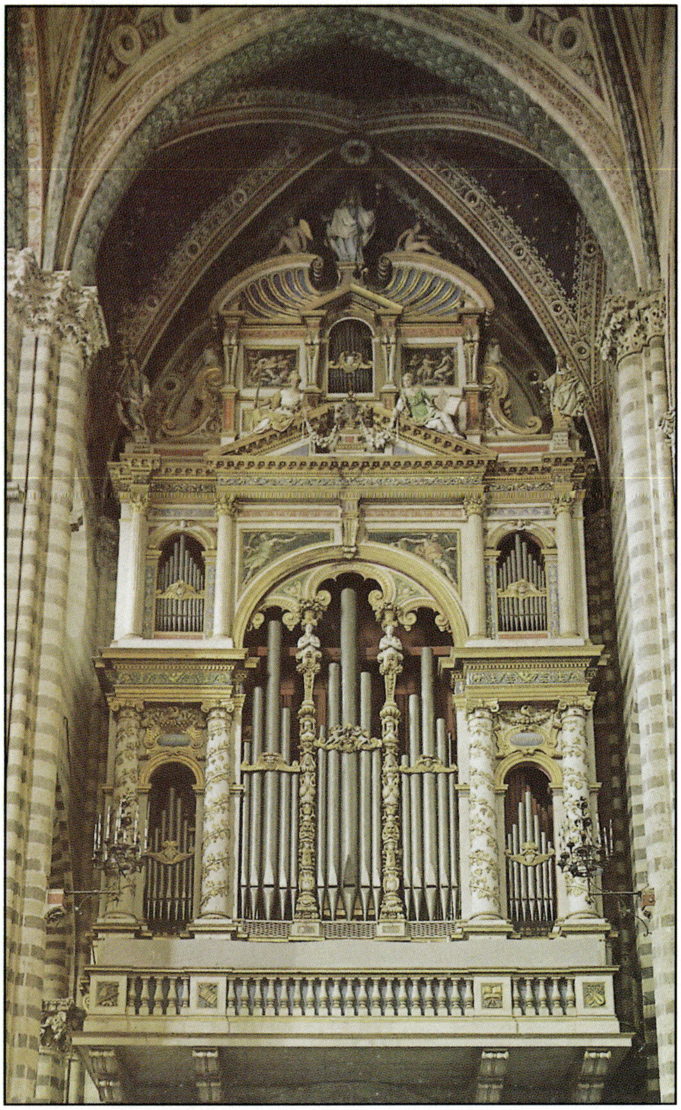

Die große Orgel.

DIE KAPELLE DES KORPORALE

Die von 1350 bis 1361 erbaute Kapelle des Korporale befindet sich am Ende des linken Seitenschiffs gegenüber der Kapelle des hl. Brixius. Ugolino di Prete Ilario und Piero di Puccio führten 1357-64 an der rechten Wand die Fresken aus, welche die Geschichte des Korporale, die Kreuzigung hinter dem Tabernakel und an der linken Seitenwand die Wunder der Eucharistie darstellen.
Die hinteren Wände krönt ganz oben eine hübsche gotische Loggia aus eingelegtem Marmor. In dieser Kapelle ist auf dem zweiten Bogen die "Madonna der Schutzbefohlenen", ein stattliches Werk von Lippo Memmi, zu sehen.Trotz verschiedener Eingriffe im 19. Jahrhundert ist man der Meinung, dass der untere Teil des Bildnisses, in dem die frommen Frauen und Brüder in demütiger Verehrung zu Füßen der Jungfrau dargestellt sind, keinerlei Veränderung erfahren hat. Links befindet sich unter einem weiteren Bogen das Grab des Bischofs Vanzi von Ippolito Scalza. Auf dem Hochaltar, der nach einer Zeichnung des Meisters Nicolò da Siena aus Marmor gebaut, aber von Orcagna fertiggestellt wurde, ist der Tabernakel des Korporale zu sehen, in dem das berühmte Reliquiar des Korporale verwahrt wird.

DAS RELIQUIAR DES KORPORALE

Es ist dies das bedeutendste und wertvollste Stück, das im Dom von Orvieto verwahrt wird, und gleichzeitig auch eines der größten Meisterwerke nicht nur der Sieneser, sondern der gesamten italienischen Goldschmiedekunst. 1337 von Beltramo Monaldeschi, Bischof von Orvieto, bei dem Goldschmied Ugolino di Vieri bestellt, wurde das Reliquiar wahrscheinlich im Dezember 1339 vollendet, eben in dem Jahr, in das die endgültige Bezahlung der Arbeit zurückreicht. Das Reliquiar ist zur Gänze in Silber ausgeführt, mit vergoldetem Rahmen; es ist 1,39 m hoch und 63 cm breit. Im Inneren wird die heilige Leinwand des Wunders von Bolsena verwahrt. Die Blenden des Reliquiars, in dessen Form die architektonischen Motive der Domfassade wiederkehren, zieren feinste Emailbilder: Es handelt sich um Darstellungen des Wunders von Bolsena und Episoden aus dem Leben Christi.

Oben: kostbar ziseliertes Reliquiar mit bemalten Feldern.

Nebenstehend: Ansicht der Korporale-Kapelle.

Das Fresko mit der "Muttergottes der Schutzempfohlenen", ein ausdrucksstarkes Werk Lippo Memmis.

DIE "CAPPELLA NUOVA" ODER DER MADONNA DES HL. BRITIUS

Den Bau der "Neuen Kapelle" - die später, nach der Überführung der Madonna des hl. Britius - auch nach diesem benannt wurde, beschlossen die Vorsteher der Domstiftung im Jahr 1397. Zum Zweck der Ausschmückung wurde nach langwierigen Verhandlungen mit einigen der bekanntesten Künstler der damaligen Zeit - man wandte sich, allerdings ohne Erfolg, auch an Perugino - von den Vorstehern der Domstiftung eine Vereinbarung mit Luca Signorelli getroffen, der 575 Dukaten forderte und auch erhielt, zum Teil "in natura" (Getreide und Wein) samt Unterkunft. Am. 5. April 1499 begann Signorelli mit seiner Arbeit in der Britius-Kapelle. Zuallererst musste er den Bildschmuck der beiden Gewölbe fertigstellen, mit dem ein halbes Jahrhundert vorher Angelico und Benozzo Gozzoli begonnen hatten. Signorelli nahm mit glücklicher Hand die von seinen Vorgängern eingeführten Motive in der Farbgebung wieder auf und legte - ohne jede Zerstörung - seine Persönlichkeit und seine Kunst hinein. Er arbeitete an diesem Werk mit Hingabe und Fleiß etwa zwei Jahre lang und stellte die "Geschichten des Antichristen" das "Jüngste Gericht", die "Auferstehung des Fleisches", die "Verdammten", die "Seligen" und die "Ankunft des Paradieses und der Hölle" dar. Auf dem Sockel bildete er in Freskomalerei berühmte Männer und Szenen aus den Epen der Antike ab. Das von allem Anfang an für den Bilderschmuck der Kapelle, wahrscheinlich auf Anregung einiger Theologen aus Orvieto gewählte Thema, war das des Jüngsten Gerichts, das übrigens in der Kunst des 14. Jahrhunderts recht häufig wiederkehrte. Signorelli stellte das Weltgericht in einer Reihe voneinander unabhängiger Szenen dar und fügte diesen die "Taten des Antichristen", die "Prophezeiungen" und den "Weltuntergang" hinzu.

Selbstbildnis des Luca Signorelli (links), zusammen mit Fra' Angelico.

GESCHICHTEN DES ANTICHRISTEN

Dieses Thema ist ungewöhnlich und in der italienischen Kunst nahezu unbekannt. Erst im ausgehenden 14. Jahrhundert tritt die Predigung des "Antichristen" in einer Reihe mittelmäßiger Drucke in der Lombardei wieder auf. Das Ergebnis war aber gewiss nicht beachtenswert. In der Britius-Kapelle (vom Eingang aus links) bildete Signorelli die Taten des Antichristen mit großem bühnenbildnerischem Einfühlungsvermögen ab: die Schilderung ist lebhaft, die Raumverteilung äußerst natürlich. In der Mitte des Freskos ragt die Gestalt des "Antichristen" hervor, der von einem Postament aus zu den Menschen spricht. Dabei ist ein Teufel sein Einsager. Die Gefolgsleute des Antichristen bringen mittlerweile einige Christen um (links im Bild). Oben ist die Szene des Unterganges des Antichristen dargestellt. Der Tempel, den man deutlich im oberen Bildabschnitt sieht, soll das Symbol Jerusalems sein. Im Bild unten ein Detail des Freskos. Von manchen wird der Standpunkt vertreten, dass die hier abgebildeten Persönlichkeiten Christphorus Columbus, Dante, Boccaccio, Petrarca, Raffaello und Orazio Baglioni sind.

Nebenstehend: Anhänger des Antichristen ermorden mehrere Christen; Detail.

Unten: Der Antichrist spricht zu den Menschen mit dem Teufel im Rücken, der ihm die Worte eingibt.

DIE KRÖNUNG DER AUSERWÄHLTEN

Durch die feinsinnige, tief empfundene Feierlichkeit der Szene, durch die harmonische Darstellung der Leiber - die der Künstler aus Cortona nicht von zufällig so abgebildet hat -durch den milden Gesichtsausdruck der Auserwählten, die geduldig der Einführung in das Paradies harren, kommt das Großartige des Ereignisses so richtig zur Geltung. Im Bild unten ein vielsagendes Detail aus der Szene der Auserwählten, die dem Allerhöchsten ihre Dankbarkeit zum Ausdruck bringen. In den ausdrucksvollen Mienen hat Signorelli die Freude über den ersehnten Preis der Auserwählung sichtbar werden lassen. Die hervorragende Bedeutung, die Signorelli der Gruppe der Auserwählten beigemessen hat, die vornehme, zarte Anmutigkeit, steht im Gegensatz zu den Engelsbildern, denen etwas viel Menschlicheres, Gedankenvolles anhaftet. Es ist etwas - wenn man so sagen darf - Monotones in ihrem Gehaben, das der Meister aus Cortona absichtlich und mit Erfolg hineingelegt hat. Das Eindrucksvolle, das Fesselnde dieser Szene ist gerade auf diesen, wenn auch maßvoll gehaltenen Gegensatz zurückzuführen.

DANTESKE THEMEN IN DER BRITIUS-KAPELLE

Oben: Dante Alighieri in seine Arbeit vertieft.

In dem übrigen Bildschmuck der Kapelle hat Signorelli - wohl um das gewählte Thema besser zu klären - in großen Medaillons einige berühmte Dichter und Szenen aus ihren Werken abgebildet. Die Reihe beginnt unter dem Fresko des Antichristen mit Homer und drei Episoden aus der Ilias. Unter dem Bild des Weltuntergangs sehen wir den Philosophen Empedokles aus Agrigent, wie er sich vorbeugt, um die von ihm vorausgesagten Ereignisse zu verfolgen. Die Reihe der Dichterbildnisse findet ihre Fortsetzung unter der Szene der Auferstehung mit der Gestalt Lukians. Zwei Szenen sind der Niedermetzelung der Pompejaner und der Tötung des Pompejus gewidmet. Das Bildnis des Horaz umgeben vier Medaillons mit der Darstellung einiger Szenen aus dem Hades. In dem darauffolgenden Bildfeld scheint der Dichter Ovid mit einem unsichtbaren Gesprächspartner zu reden: die vier Szenen sind den bekannten Metamorphosen des römischen Dichters entnommen. Vergil scheint von der über seinem Bildnis dargestellten Tragödie der Verdammten tief erschüttert; Dante hingegen, dem einige Episoden aus dem "Zweiten Gesang des Fegfeuers" gewidmet sind, lässt sich in seiner Arbeit nicht stören. In zwei weiteren Medaillons ist das Martyrium des hl. Faustinus und die Tötung des hl. Pietro Parenzo durch die Häretiker aus Orvieto dargestellt.

Hier links: Der philosoph Empedokles beugt sich nach vorn, um die Szene seiner Prophezeiung zu beobachten.

Weitere Wandöffnungen, die Fenster und gerahmte Grabnischen darstellend, mit Figuren von Dichtern und Philosophen der Antike, unter denen Vergil, Ovid, Orpheus Horaz, Homer und Lucanus zu erkennen sind. Hier zeigen wir zwei Ausschnitte.

DER WELTUNTERGANG

Das Gemälde nimmt den großen Bogen des Eingangs zur Kapelle ein. De schmale, halbkreisförmige Streifen war für Signorelli nicht zu klein, hier sein ganzes Können und sein künstlerisches Genie zu entfalten. Es haftet auch die sem Werk nichts Ornamentales an, es ist mit strenger Logik, unter volle Berücksichtigung der materiellen Möglichkeiten und der geschilderten Szener verteilt.

Die einzelnen Gestalten, unten von beträchtlicher Größe und nach oben hin immer kleiner, steigern die Perspektive zu größter Eindruckskraft. Die Schilde rung umfasst, von rechts nach links gesehen, die Ankündigung des Weltuntergangs mit der Sibylle, dann David, wie er im Beisein der Propheten Enoch und Elias auf die sich verdunkelnden Gestirne hindeutet.

Von der Sonne fällt Feuer herab; aus den Trümmern eines vom Erdbeben zerstörten Tempels flüchtet sich ein Paar, das bei einer Gruppe von Greisen Aufnahme findet. Oben entkleiden und foltern Wüstlinge drei Knaben. Trümmer einer verheerten Stadt und die Überreste zerstörter Schiffe treibt ein Seebeben den Hügeln zu. Noch weiter oben stürzen sich vier Engel auf die Menschheit, Verzweifelte flüchten vor den unerbittlich vordringenden Flammen.

Einige Mütter drücken ihre Kleinen an die Brust, in dem vergeblichen Versuch, sie zu schützen. Ganz vorne sehen wir sieben Soldaten in prächtigen, vielfarbigen Gewändern.

Hier rechts: David zusammen mit den Propheten Henoch und Elias deutet auf die sich verfinsternden Sterne.

DIE BERUFUNG DER AUSERWÄHLTEN UND DIE VORHÖLLE

Das ist die Einführung oder das Vorspiel der Szenen von Dantes Vorhölle (Bild rechts) und die Berufung der Auserwählten in den Himmel. In der Darstellung der Verfluchten führt zu Füßen zwei gewaltiger Bergmassive längs des Acheron, des Flusses der Unterwelt, ein Teufel mit einem weißen Banner eine Gruppe Verdammter ab. Es sind die Trägen, die Feigen, die nach Dantes Auffassung die verdammenswertesten sind. Weitere Verdammte sehen verzweifelt den Höllenfährmann Charon nahen. Unten ist Minos abgebildet, wie er einen anderen Verdammten straft. Oben betrachten zwei Engel, einer in voller Rüstung und der andere in Schleier gehüllt, den Vorgang. In dem gegenüberliegenden Abschnitt (Bild links) weisen neun Engel den Seligen den Weg in den Himmel.

Minos, mit der Absicht, über einen Verdammten eine Strafe zu verhängen.

DIE HÖLLE

Ehe er sich zur Darstellung der Hölle anschickte, hat Signorelli bestimmt die Basreliefs auf dem vierten Pfeiler der Fassade eingehend untersucht. Bei der Ausführung seines Werkes ließ der Meister aus Cortona von der Motivschilderung ab, um die Szenen der Verzweiflung der Verdammten in ein geschlossenes Bild zusammenzufassen. Die Dämonen stürzen sich auf die entsetzte Menge, die sich nunmehr der Unausweichlichkeit der Strafe bewusst ist, und es entfesselt sich ein wilder Kampf: vergebens versuchen sich die Verdammten gegen ihre Verfolger aufzulehnen. In der Bildmitte schleppt ein Teufel eine junge Frau, andere wieder stürzen die Leiber zweier Verlorener in die Masse. Drei Engel - im Bild rechts oben - ziehen ihre Säbel aus der Scheide und bedrohen sowohl die Teufel als auch die Verfluchten. Im nebenstehenden Bild ein Detail der Hölle: zwei Verfluchte suchen ihrem Schicksal zu entrinnen.

DIE AUFERSTEHUNG DES FLEISCHES

Auf der Seite gegenüber der Darstellung der Taten des Antichristen nimmt Signorelli mit der Auferstehung des Fleisches, wenn auch mit der einen oder anderen kaum merklichen Variante, das Thema wieder auf: hier ist allerdings die hoch poetische Stimmung der Krönung der Auserwählten das Vorwiegende. In diesen Bildern ist der Meister bewusst von den traditionellen Themen abgegangen. Anstelle der Gruften und Schründe, die sich unter dem Druck der wiederauferstandenen Leiber auftaten, schildert er das Entzücken der Seligen ohne jedes figurative Hilfsmittel, offensichtlich um dem Hauptthema des Freskos stärkere Ausdruckskraft zu verleihen. Die Körper heben sich, wenn auch mühevoll, in voller Stärke aus dem Boden und tun wieder die ersten Schritte, einige umarmen sich zärtlich, wieder andere erheben ihre Häupter und Arme zum Himmel.

Diese Gestalten sind anders, jugendlich, aus ihnen leuchtet die wiedererrungene Unschuld. Zwei große Engelsfiguren auf einem mit Goldknöpfen punktierten Untergrund schweben nicht, sondern finden festen Halt auf den Wolken und blasen mit aller Kraft in die großen Posaunen. An dieser Stelle des Freskos wurde während der Restaurierungen des Jahres 1940 ein Entwurf des ganzen Werkes gefunden: vier nackte, kaum skizzierte Gestalten.

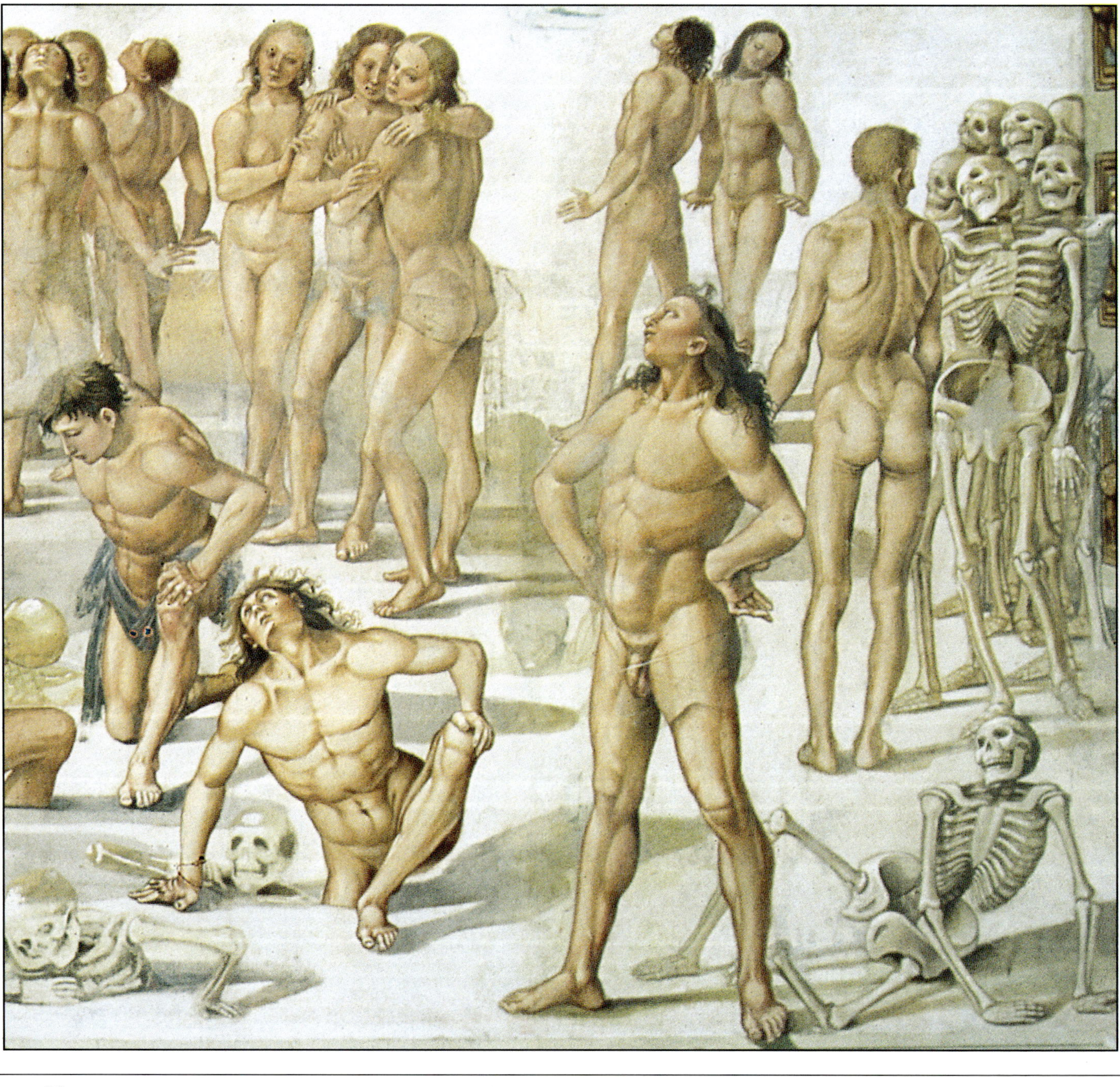

DIE FRESKEN AN DEN GEWÖLBE

)er von Meister Angelico 1447 ınvollendet gelassene Bildschmuck ler Gewölbe wurde von Luca Sig- ıorelli 52 Jahre später vollendet. ıngelico hatte nur zwei Felder des Kreuzgewölbes bemalt und den Chor der Propheten", sowie "Chri- ıtus als Richter" in Fresken darge- ıtellt.

Signorelli stellte das Werk mit den 'Engeln und den Sinnbildern der Lei- lensgeschichte", mit den "Aposteln", len "Kirchenlehrern", den "Märty- ːer", den "Jungfrauen" und die "Patri- ırchen" fertig.

Christus als Richter.

Hier rechts: Chor der Propheten, detail.

Unten: Die Patriarchen.

INHALT

Durchsichten: Anna Caprespa

Published and printed by
Centro Stampa Editoriale, Sesto Fiorentino, (Fi).